Liebesbriefe an Gott

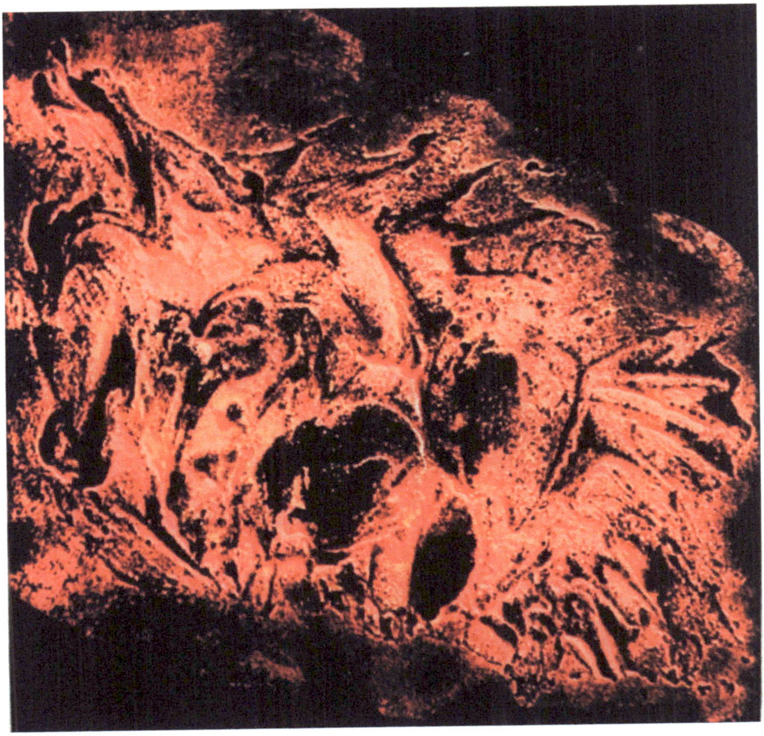

„Johannes 1:33" (Titel des Bildes) HFA

Von Robert John Geng

Vorwort

Zuallererst möchte ich mich bei unserem Papa, Gott, bedanken für die Idee dieses Buches, „Liebesbriefe an Gott" und alle Menschen die mich begleiten und begleiteten um diese Themen in diesem Buch als mein Zeugnis meines bisherigen Lebens zu geben und zu teilen.
Ihr werdet sehen das nicht so schöne Erfahrungen sich immer zum Guten wandeln, wenn Ihr es zulasst, das diese sich zum positiven wenden, im Glauben und versteht was daraus entsteht.
Ich möchte euch allen, auf dem Weg des Glaubens, Hoffnung geben, auf all das positive das uns durch Papa gegeben wird zu hören, mitzunehmen und den richtigen Schluss daraus zu ziehen.

In Liebe an all die Menschen, die noch auf dem Weg der Erkenntnis sind, möge ihre Blume mit Papa so blühen wie keine andere.

Robert John Geng

1. Der Weg zurück

Lieber Papa,

Du warst immer für meine Familie und mich da, und dafür liebe ich Dich sehr.

Sogar in Zeiten als ich abkömmlich im Glauben war und nicht sehr viel an Dich gedacht habe, hatte ich dennoch das Gefühl, dass Du mir immer wieder gezeigt hast, was Du mit mir vorhast, durch Zeichen, ich musste wieder lernen diese zu erkennen.
Glücklich bin ich darüber das erkennbar war, beim Wachsen, das Du mir immer wieder die richtigen Menschen an meine Seite gestellt hast, um im Geiste weitere Stufen zu erklimmen.

Den Glauben und die Leidenschaft dafür, hast Du mir, wie neue Kleider angezogen.
Weiterentwicklung hat in mir stattgefunden und ich denke mit Freude an jede einzelne Minute, die ich durch Dich lernen durfte.
Dies war manchmal auch schmerzlich aber durch mich selbst verursacht dessen bin ich mir klar, doch das bedeutete auch „den nächsten Schritt im Leben und Lernen" Ich möchte Dich nicht mehr missen :-).

4

*„Denn Gott hat die Menschen so sehr geliebt,
das er Seinen einzigen Sohn für sie hergab".*

Johannes 3.16 a

„In Jesus Namen, amen"

In Liebe Dein Robert John

„La cena del signore in bianco e nero"

„Pusteblume in grau"

„Acryl-Sand von RobertJohnArtist.business @ Instagram

2. Der erste Gedanke bist Du

Lieber Papa,

Morgens, wenn ich aufwache gilt mein erster Gedanke Dir.
Ich mache mich bereit, um zu laufen, die Natur zu erleben, die Du uns geschenkt hast und bin dabei sehr erquickt.
In mir drin spüre ich von ganzem Herzen, das Du bei mir bist.
Bilder die wie gemalt sind, den Himmel, die Sonne, den Mond, die Wolken, den Fluss, die Berge, die Bäume, die Sträucher, die Wiesen alles ist mit Dir gemeinsam erlebt das ultimative Ereignis für mich und dafür liebe ich Dich.
Unterwegs sehe ich Menschen, die fröhlich aber auch traurig sind.

„Genau für diese Wünsche ich mir, dass sie Dich so erleben wie ich und den Glauben an Dich entdecken, spüren und Dich lieben lernen."

„Wer also von Herzen glaubt, wird von Gott angenommen, und wer seinen Glauben auch bekennt, der findet Rettung".

Römer 10 HFA

„In Jesus Namen, amen"

In Liebe Dein Robert John

Foto von RobertJohnArtist.business - Ein Herz der Anbetung

3. Die Gabe die Du gibst

Lieber Papa,

heute möchte ich Dir meinen Dank aussprechen für die Gabe die Du in mich mit Liebe hineingelegt hast, die Kreativität beim Malen mit Farben. Im Kindesalter war es mir schon eine Freude zu malen und auch in der Schule.
Das ganze habe ich zwischenzeitlich aus den Augen verloren doch durch Dich habe ich es wieder entdeckt.
Ich liebe es es wenn Du mir Ideen schickst, beim spazieren gehen, Träumen, in den Himmel schauen, beim Leute beobachten, Tiere die ich sehe, Farben die sich spiegeln, fröhliche Kinder die spielen oder auch gesagtes von Menschen die mich begleiten in meinem Leben.
Du bist durch Deinen Geist mein Ideengeber der mich so Reich beschenkt das es unfassbar ist.
So bist Du halt ein guter Gott und Papa, jeder Mensch sollte das wissen das Du immer nur gutes im Sinn hast auch wenn es für die Menschen und für mich nicht immer leicht ist zu verstehen das Du ein Ziel hast, uns das Tor des Himmels zu Dir zu öffnen.

Ich bitte in Jesus Namen dafür das die Menschen Deine Werte erkennen und mit auf unsere Reise gehen. Von ganzem Herzen liebe ich Dich dafür.

„Er segne euch mit den reichen Gaben, die Monat für Monat im Sonnenlicht wachsen".

5. Mose 33

„In Jesus Namen, amen"

In Liebe Dein Robert John

„Chiara-hell, leuchtend, schön und klar"

„Lucie-die Strahlende-die Leuchtende bei Tagesanbruch geborene"

„Ramona-die Beschützerin-die Ratgeberin"

Pouringpaint Acryl von
RobertJohnArtist.business @ Instagram

11

4. Die Zusammenkunft zweier Menschen

Lieber ABBA,

heute ist ein Tag, an dem ich überglücklich bin, wenn ich daran denke, dass Du mich und meine Frau Ramona zusammengeführt hast.
Nun kennen wir uns schon mehr als dreißig Jahre und wir haben viel miteinander durchgemacht mit allen Höhen und Tiefen des Lebens.
Wir haben dadurch gelernt in den Tiefen darauf zu vertrauen das nach einem Tief immer ein Hoch kommt. Du wusstest das sie für mich und ich für sie bestimmt war bevor wir es wussten und es eine große Liebe und eine besondere Freundschaft wurde.
Unsere Beziehung war immer harte Arbeit, doch mehr als harte Arbeit war die Freude mit ihr und Dir in unserer Mitte sowie der Liebe im Detail von Dir.
Wir lachen, weinen, freuen uns, sind verrückt mit und nach einander, trauern, tanzen und singen, das alles Gehört bei uns dazu. Ich liebe Dich sehr dafür.
Sie denkt, ich spreche es aus oder andersherum das ist das Schöne an der Beziehung mit ihr.

Ein Wunsch von mir ist es das diese Liebe alle Paare erleben mit sich und Dir wachsen, „In Jesus Namen bitte ich darum"

„Denn wo zwei oder drei in meinem Namen zusammen kommen, bin ich in ihrer Mitte"

Matthäus 18:20 HFA

„In Jesus Namen, amen"

Innamorato del tuo Robert John

Foto von RobertJohnArtist.business - Der Herzbaum am Atlantik

5. Die von Schlägen geprägte Kindheit und die Vergebung

Lieber Papa,

die Kindheit meiner Geschwister und mir war keine schöne und von Schlägen mit dem Gürtel meines irdischen Vaters geprägt.

Wir mussten anstehen, um zu warten, wer als Nächstes die Schläge des Gürtels auf den nackten Hintern bekommt und machten uns oft in die Hose vor Angst, das ganze wegen fünf Minuten zu spät nach Hause kommen.

Viele Jahre spielten sich in meinem Kopf Gewaltbilder ab. Es waren Bilder von schlimmen und blutigen Unfällen und Katastrophen die sich immer und immer wieder zeigten und sich in meinem Kopf wie ein wiederkehrender Film, den ich anschaute, beim S-Bahn, Auto fahren und überall wo sich solche Dinge ereignen konnten sah.
Bis zu einem Moment als Du mir wieder mal die richtige Person zur Seite gestellt hast, bei der ich mich öffnete, von meiner Kindheit erzählte und von den Bildern die ich sah.

Diese Person wies mich darauf hin, die Gewalt die in meinen Bildern zu sehen ist als eine Verarbeitung des Erlebten der Gewalt in meiner Kindheit die an mir und meinen Geschwistern vollzogen wurde zu sehen.

Es war schon ein kleines Wunder, dass die Bilder nach und nach verschwunden sind, weil ich verstand.
Ich weiß aber sehr wohl, dass Du nicht für die Verfehlung der einzelnen Menschen zuständig bist, jeder kann zu Dir kommen und um Vergebung bitten, doch dies ist die Aufgabe jedes einzelnen.

Zu wissen das Du mich und meine Geschwister mit Liebe behütet hast, uns auf den richtigen Weg gebracht hast durch Erlebtes.
Ich habe für mich entschieden was daraus zu lernen und mich zu entwickeln, „ eine Stärke daraus zu entwickeln ", nicht das selbige mit meinen Kindern zu tun.

Heute fühle ich mich in meiner Liebe zu Dir so stark, dass ich dies meinem irdischen Vater vergeben kann, denn ich habe in meinem Leben auch schon Fehler gemacht.

Du hast mich mit all Deiner Liebe zu einem Pazifisten reifen lassen der sich vehement gegen Gewalt und Waffen ausspricht.

Das erlebte meiner Kindheit wurde zu meiner Stärke. Ich liebe Dich dafür dies erkannt zu haben und bin wahnsinnig stolz Dein Kind zu sein.
Seid alle stolz auf unseren himmlischen Vater mit Liebe und erkennt was Ihr durch Ihn erfahren könnt.

Kommt mit auf die Reise.

„In Jesus Namen, Amen"

In Liebe Dein Robert John

„Seid vielmehr freundlich und barmherzig und vergebt einander, so wie Gott euch durch Jesus Christus vergeben hat."

„Epheser 4.32 HFA"

„Il silencio-Die Stille"

Pouringpaint Acryl RobertJohnArtist.business @ Instagram

6. Das Privileg der Geburt und die Heilung

Lieber Papa,

danke das Du mir und meiner Frau das Privileg der Geburt und der Erziehung unserer Kinder Chiara und Lucie übertragen hast, das wohl das größte Geschenk, dass wir uns nur vorstellen konnten ist. Genau dafür lieben wir Dich umso mehr, genau gesagt sprengt das unsere Vorstellungskraft.
Alles, was wir bisher erlebt haben, und wobei wir wachsen mussten, als unsere Chiara an Enzephalitis erkrankt war. Als ich erkennen musste, das unsere Tochter krank wurde brauchte ich ein paar Tage Zeit, um mit dieser Situation umzugehen.
Die Tränen meiner Frau, die so gelitten hatte, auch ich, jeder auf seine Art und Weise waren eine Tragödie.
Du hast mir einen Jungen Mann über den Weg geschickt, der mir einen guten Rat gab, er sagte zu mir mit Deinen Worten: „Ich war als Kind an Krebs erkrankt und kann mich noch gut daran erinnern das meine Eltern immer lachend in die Klinik kamen und mir das Gefühl gaben nicht krank zu sein.

Also zog ich mir den Schlauch, in der die Chemotherapie durchlief.
Wie ein Wunder war der Krebs in meinem Körper nicht wiederzufinden und ich weiß auch das mich diese Krankheit nie wieder berührt den Gott hat, meinen Eltern trotz Leid und Tränen das Lachen für meine Heilung geschenkt."

Dies habe ich gleich meiner Frau erzählt damit ihre Tränen in ein Lachen umgemünzt werden konnten.
Meine Sicht auf die Krankheit meiner Tochter hat sich dadurch verändert.
Auch die Sicht auf Dich unseren Papa hat sich verändert und ist dadurch gewachsen.

Übergebt ihm Eure Sorgen.

Der richtige Mensch zur richtigen Zeit wurde uns zur Seite gestellt von Papa. Meine Frau und ich sind in dieser Zeit noch mehr zusammen gewachsen.

Heute noch sind wir dankbar für all die lieben Menschen die für uns gebetet haben, den das Gebet vieler hat, eine Macht die manch einem unglaublich erscheint es hat unsere Tochter geheilt.

Für mich persönlich ist es eine Wucht dies so erfahren zu haben das, dass Gebet solch eine fantastische Wirkung hat.
Danke auch für unsere Lucie die ein energiegeladenes Mädchen ist, und Papa sei dank Gesund ist und das ist doch ein schönes Geschenk. Danke auch für Amelie die Tapfere.

Wir Menschen sollten uns immer erinnern wie verletzlich wir doch sind und mit Dankbarkeit vor Deiner Tür stehen, Dir danken in Ewigkeit unserem Gott und Vater.

Papa dafür liebe ich Dich so sehr, Du bist das Beste, was einem passieren konnte.

Wir wünschen allen die gleiche Erkenntnis daraus, die ähnliche Erfahrungen sammeln mussten und vielleicht noch erfahren.

Bleibt dran an Papa er wird Euch durch den Heiligen Geist immer und immer wieder den Weg weisen.

Jesus sagte zu ihr : „Meine Tochter, dein Glaube hat dich geheilt. Geh in Frieden. Du bist Gesund."

Markus 5:34 HFA

Da forderte Jesus ihn auf : „ Steh auf, nimm deine Matte und geh."

Johannes 5:8 HFA

„Wenn jemand von uns krank ist, soll er die Gemeindeleiter zu sich rufen, damit sie für ihn beten und ihm im Namen des Herrn mit Öl salben."

Jakobus 5:14 HFA

„In Jesus Namen danke Ich dafür, Amen"

In großer unbeschreiblicher Liebe zu Dir Dein Robert John

„Fuori dal comune"

Pouringpaint Acryl von
RobertJohnArtist.business @ Instagram

7. Der Vatertag

Lieber Papa,

heute ist Vatertag und da Du der Vater unser aller bist möchte ich Dir danke sagen das Du mich als Deinen Sohn und beauftragten Vater meiner Kinder, von Dir so gemacht worden bin, um mich auf die Reise mit Dir zu begeben.
Ich liebe Dich mit einer unvorstellbaren Leidenschaft, die mein Herz schneller schlagen lässt, mein Blut zum Glühen bringt wie die Lavaströme des Ätna, all das Wasser, das in mir ist, zum Kochen bringt, dass immerhin 80-85 % meines Körpers ausmacht.
Du weißt das ich diese unbeschreiblichen Gefühle zu Dir nicht mal annähernd so beschreiben kann wie Du es verdienst.

Alle Menschen sollen erfahren das Du ein liebender Vater bist, der es verdient hat geliebt und verherrlicht zu werden.

Der Wunsch meines Tages ist, dass alle aber auch alle Dich so kennenlernen sollten wie Du bist und wie Du es verdienst.

„Was bleibt, sind Glaube, Hoffnung und Liebe. Von diesen dreien ist die Liebe das Größte."

1. Korinther 13:13 HFA

„Wirkliche Liebe ist frei von Angst. Ja, wenn Gottes vollkommene Liebe uns erfüllt, vertreibt sie sogar die Angst. Wer sich also fürchtet und vor der Strafe zittert, bei dem ist Gottes Liebe noch nicht zum Ziel gekommen."

1.   Johannes 4:18 HFA

„Denn nur so könnt Ihr mit allen anderen Christen das ganze Ausmaß seiner Liebe erfahren."

Epheser 3:18 HFA

„In Jesus Namen danke ich dafür, Amen"

In Leidenschaft und Liebe zu Dir Dein Robert John

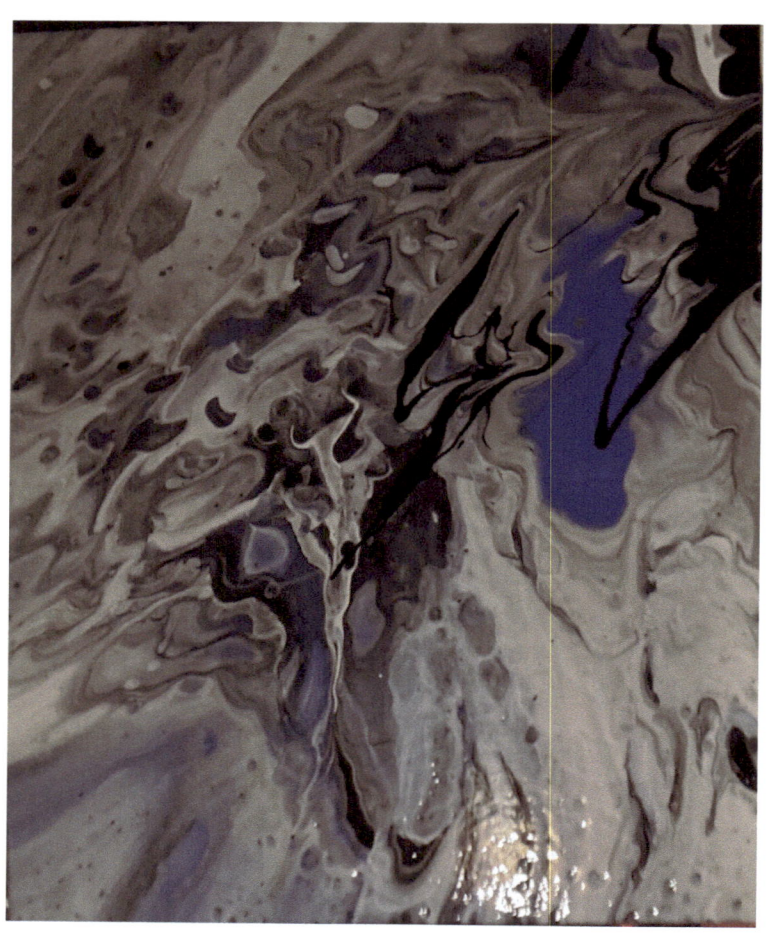

„Exorbitant"

Pouringpaint in Acryl
RobertJohnArtist.business @ Instagram

„Sei un miracolo"

Pouringpaint Acryl von
RobertJohnArtist.business @ Instagram

8. Der Weg und Dein Plan für unser Leben

Lieber Papa,

als ich mir die Frage stellte mich neu zu orientieren aus Baden-Württemberg wegzugehen und mich in Bayern zu bewerben hast Du mir gezeigt das dies der richtige Weg für meine Familie und mich ist.
Der Tisch war von Dir schon gedeckt.
Du hast mir durch den Heiligen Geist Deiner, den Weg schon 2018 aufgezeigt, als Du mir meinen neuen Arbeitgeber im Internet schon in mein Gedächtnis riefst.
Zu dieser Zeit war ich noch nicht so weit dies zu erkennen was, Du von mir möchtest.

Zwei Jahre später habe ich dann einen Bewerberkurs besucht, an dem ich mit einer unvergleichlichen Freude teilnahm, um eine Bewerbung zu schreiben, die es in sich hatte. Während der Woche bei diesem Training, an einem Mittwoch sagte mir dann meine innere Stimme, der Heilige Geist, "Robert bewirb Dich jetzt bei diesem Arbeitgeber der dir seit zwei Jahren im Kopfe herumgeistert."

Nun ich tat dies mithilfe des Herren der diesen Kurs leitete und von dem ich viel mitgenommen habe, um diese exquisite Bewerbung zu schreiben. Per-Email habe ich sie dann verschickt und es war ein Wunder oder vielleicht doch bestimmt, dass eine halbe Stunde später ein Anruf von meinem jetzigen Arbeitgeber kam. Dieser hat mich im nachfolgenden Monat zu einem Hospitationstag eingeladen, um mir das ganze anzuschauen.

Ich liebe Dich dafür den das war der Beginn eines neuen Weges, den Du für mich vorgesehen hast und von dem ich noch nichts wusste, doch Du schon.

Also buchte ich das Hotel für diesen aufregenden Tag, in dem ich dann auch einen Monat zu Beginn meines neuen Abschnitts wohnte, um das beginnen zu lassen, was Du vorgesehen hattest.
Wie Du siehst, habe ich die Stelle bekommen, die Du für mich ausgesucht hast, aber das wusstest Du ja schon.
Das Zimmer in diesem Hotel im Bayrischen war schön aber teuer und ich habe an einem Freitag im April 2020 folgendes Gebet gesprochen „... lieber Papa, wenn es Dein Wille ist, das dies geschieht,

hilf mir doch eine süße kleine Wohnung zu finden die bezahlbar ist und von meiner Familie und mir getragen werden kann. Wenn es Dein Wille ist dann lass es geschehen."

„In Jesus Namen bitte ich darum und danke auch dafür Amen."

Jetzt kommt der Hammer, am nächsten Tag gabst Du meiner Frau Ramona eine Eingebung, das sie in WG gesucht mal hereinschauen soll, wo wir eine Anzeige der Wohnungssuche aufgegeben hatten, dies tat sie dann und sah eine Anzeige mit einer Wohnung die 20 Minuten vor ihrem Einloggen erst eingegeben wurde. Im selben Moment bekam ich eine Nachricht, von dieser wirklich netten Person, die diese Wohnung vermieten wollte.
Wir haben telefoniert und wiederum am nächsten Tag einen Besichtigungstermin ausgemacht um alles unter Dach und Fach zu bringen. Im Mai bin ich dann in die schnuckelige kleine drei Zimmer Wohnung eingezogen, die in einem Gebiet lag die einem mehr als nur Ruhe schenkt.
Das Schöne daran hier war auch für meine Familie Platz, um zu Besuch zu kommen, wann immer sie Lust hatten.

Ich möchte Dir mehr als danke sagen und Dir meine Liebe ausdrücken, dass Du mir so deutlich gezeigt hast, was Du mit mir vorhast, dass es einfach unbeschreiblich ist aber so was von Lesbar, dass es Dein Wille ist und dafür liebe ich Dich.

Ich wünsche mir von allen, die das lesen, dass sie genau so Deine Stimme hören und keine Angst haben vor dem, was Du für sie als Plan in ihrem Leben hast.

Seid mutig und vertraut auf Papa er macht das schon. Glaubt mir, ich hatte auch erst Angst vor dem neuen und genauso meine Familie, doch ich war Felsenfest davon überzeugt, dass es Papas Wille ist.

„Der Mensch plant seinen Weg, aber der Herr lenkt seine Schritte."

Sprüche 16:9 HFA

„Denke bei jedem Schritt an Ihn, er zeigt dir den richtigen Weg und krönt dein Handeln mit Erfolg."

Sprüche 3:6 HFA

Jemand ruft in der Wüste: „Macht den Weg frei für den Herrn ! Räumt alle Hindernisse weg !"

Markus 1:3 HFA

„Den Weg dorthin kennt Ihr ja."

Johannes 14:4 HFA

„So ging er auf einem anderen Weg nach Hause."

1.   Könige 13:10 HFA

„Jakob verließ Beerscheba und machte sich auf den Weg nach Haran."

1.   Mose 28:10 HFA

„Mose und sein Diener Josua machten sich auf den Weg, und Mose bestieg den Berg Gottes."

2. Mose 24:13 HFA

„In Jesus Namen danke ich dafür, Amen."

In dankbarer und vollkommener Liebe zu Dir Dein Robert John

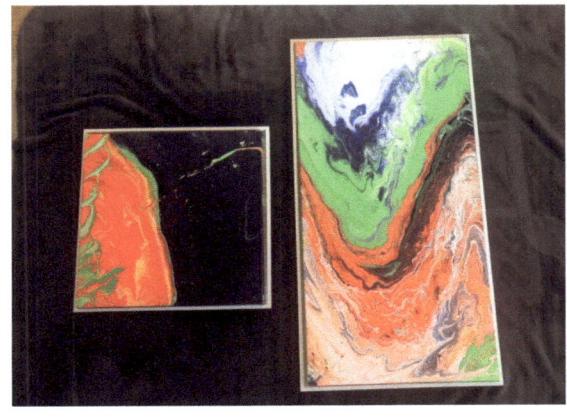

„Die Berührung" und „ Robert John" - Der Strahlende und der Glänzende / Gott ist gütig und gnädig"

„Die Begegnung mit dem Heiligen Geist" und „Die Berührung"

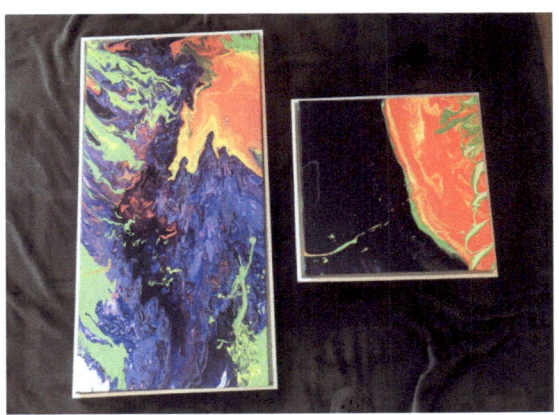

Pouringpaint Acryl von RobertJohnArtist @ Instagram

33

8. Die Berufung

Lieber Papa,

heute möchte ich Dir danken für eine Gabe, die Du in mich hineingelegt hast für wirklich kranke Menschen da zu sein und für sie zu beten. Eine Dame, die im Krankenhaus lag, in das Du mich geschickt hast, die als Palliativ eingestuft wurde und die ich als Physiotherapeut behandeln durfte hat mir gezeigt das, dass Gebet in Zeiten wo wir an der Grenze zu Dir sind auf Dich als Begleiter hoffen dürfen.

An einem Morgen in dieser Woche bin ich wie immer zu ihr ins Krankenzimmer gegangen, um ihr gutes zu tun.

Ich wollte an diesem Tag etwas Entspanntes mit ihr machen und ihr die Angst nehmen und legte meine Hand auf ihren Brustkorb mit dem Zeigefinger in ihrem Grübchen unter dem Kehlkopf, um vegetativ auf sie einzuwirken und fing an zu beten, meine Kollegin kam hinzu und schaute zu und sagte dann: „Ich glaube, sie betet."

Dies dachte ich auch denn sie hatte mein Gebet aufgenommen und brummelte vor sich hin mit einer Hingabe und ihrem verschmilzten Lächeln auf dem Gesicht so wie ich sie kannte.
 Dann haben wir das Vaterunser gemeinsam gebetet, und trotz ihrer Demenz und leichter Sprachstörungen tat sie das mit deutlicher Aussprache und einer Hingabe, während dessen hielt sie meine andere Hand fest. Meine Kollegin sagte: „Das ist ein Zeichen das sie Dir vertraut." Meine Freude darüber war so groß und es ist und war mir eine Ehre.

Du hast mich dazu berufen ihr die Kraft zu geben und ihr die Angst zu nehmen vor dem was kommen wird. In dem Wissen das sie auf ihrem weg zu Dir auf Dich setzen kann, machten sie und mich überglücklich dies konnte ich in ihren Augen sehen.
Ich liebe Dich mit einer Wucht für das, was Du für mich vorgesehen hast und das ich erkennen durfte, was eine Gabe noch bedeuten kann.

Einen großen Wunsch habe ich lieber Papa, das alle Menschen erfahren, dass Du zu jederzeit jemanden für uns bereithältst der für uns da ist, um uns zu unserem nächsten Ziel zu führen.

So das unsere Gaben für andere einzusetzen, uns keine Angst bereiten, sondern befreiend sein sollte.

„Ich werde ihn mit meiner Kraft begleiten, stark soll er werden, weil ich ihn stütze."

Psalm 89:22 HFA

„in ihrem farbenfrohen Gewand wird sie zum König geführt; und Brautjungfern, ihre Freundinnen, begleiten sie."

Psalm 45:15 HFA

„Deine Güte und Liebe begleiten mich Tag für Tag; in deinem Haus darf ich bleiben mein Leben lang."

Psalm 23:6 HFA

„Tag und Nacht sollen sie dich begleiten, dich beschützen, wenn du schläfst, und dich beraten, sobald du morgens aufwachst."

Sprüche 6:22 HFA

„Er segne euch mit reichen Gaben, die Monat für Monat im Sonnenlicht wachsen."

5. Mose 33:14 HFA

„Wieder anderen schenkt Gott durch seinen Geist unerschütterliche Glaubenskraft oder unterschiedliche Gaben, um Kranke zu heilen."

Korinther 12:9 HFA

„Ihr wisst selbst, dass ich den Lebensunterhalt für mich und meine Begleiter mit meinen eigenen Händen verdient habe"

Apostelgeschichte 20:34 HFA

„In Jesus Namen danke ich dafür, Amen."

„La fonte di energia della mia anima"

Pouringpaint Acryl von
RobertJohnArtist.business @ Instagram

9. Gesegnet trotz Corona, Danksagung

Lieber Papa,

meinen Dank und meine Liebe zu Dir möchte ich heute, in diesem Brief, zum Ausdruck bringen. Wie Du weißt, hast Du uns in Zeiten der Corona-Pandemie und großen Krise einen besonders überfließenden Segen zukommen lassen.
Du hast den Menschen gezeigt das sie, wir alle uns Gedanken machen sollten darüber was wirklich wichtig ist und die Werte die Du uns durch Dein Wort gabst für sich uns wieder zu entdecken, einen Frieden zu finden, der Natur eine Chance zu geben sich zu erholen und nicht nur diesen unmoralischen kapitalistischen Lebensstil für normal und selbstverständlich zu erachten.
In diesen Zeiten waren genau die Berufe im Gesundheitswesen, auch die sich besonders um die kleinen Kinder Gottes kümmern, die sonst von der Gesellschaft mit Füßen getreten wurden besonders gesegnet. Genau diese Werte wurden besonders unterstützt und gesegnet und vor allen Dingen Sichtbar gemacht.

Damit endlich genau in diesen Bereichen wieder aufgeschaut, dementsprechend gehandelt und was hier jeden Tag geleistet wird wieder gesehen werden sollte.

Meine Familie und ich haben dies am eigenen Laib erfahren dürfen. Du hast uns mehr denn je überfließend gesegnet in Form von meinem neuen Job, meiner neuen Umgebung, mit mehr Freude, mit mehr Ressourcen um Handeln zu können, mit Unterstützung der Werte für Kinderbetreuung durch das Landratsamt, mehr Liebe, mehr Ruhe, mehr Frieden, mit der neuen Wohnung im Bayrischen, der Natur die sich etwas erholen durfte usw.

Es gibt noch so viele Dinge, die ich Dir aufzählen könnte wie die Gebete die Du so schnell erhört hast das es einem unglaublichen Wunder nahe kommt.

Zum Ausdruck meiner Liebe möchte ich einfach danke sagen für Deinen Segen als ich für die Wohnung, die bezahlbar sein sollte, an einem Freitagabend im April betete, samstags einen Anruf meiner jetzigen Vermieterin bekam, meine Frau zur gleichen Zeit in die Anzeigen schaute und diese Entdeckte, ich die Wohnung am folgenden Sonntag anschauen durfte und wie ihr wisst auch bekommen habe.

Am Anfang war ich noch unsicher und fragte Dich lieber Papa, ob es auch Dein Wille ist und wenn es dies sein sollte dann soll Dein Wille geschehen.
Demnach war es auch so die Wohnung hab ich bekommen.

Wer braucht noch mehr Beweise, für die Kraft des Heiligen Geistes der durch Dich in uns Wirkt. Für mich bist Du ein Wunder und das, was Du mir offenbart, hast wie beschrieben ebenso. Also mein Appell an alle Menschen denkt groß von Papa den er ist für alle Wunder die offensichtlich in uns wirken, zuständig. Bleibt ihm auf den Fersen durch Eure unbändige Liebe und im Gebet das, wie Ihr seht und lesen könnt jeden Tag ein Wunder ist. Papa ist ein guter Gott und er will uns nur Gutes.

„Er allein vollbringt große Wunder - seine Gnade hört niemals auf !"

Psalm 136:4 HFA

„Gott ließ durch Paulus ganz erstaunliche Wunder geschehen."

Apostelgeschichte 19:11 HFA

„Und nun passt auf ! Vor euren Augen wird der Herr ein großes Wunder vollbringen.“

1.   Samuel 12:16 HFA

„Singt und musiziert zu seiner Ehre, macht alle seine Wunder bekannt !“

1.   Chronik 16:9 HFA

„Erzählt den Völkern von seiner Hoheit ! Macht allen Menschen seine Wunder bekannt !“

1.   Chronik 16:24 HFA

„Was Gott tut, ist groß und gewaltig, niemand kann es begreifen; seine Wunder sind unzählbar.“

Hiob 5:9 HFA

„Gelobt sei Gott, der Herr, der Gott Israels !, er vollbringt Wunder, er allein.“

Psalm 72:18 HFA

„Ja schon ihre Vorfahren hatten seine Wunder erlebt, damals in Ägypten im gebiet Zoan.“

Psalm 78:12 HFA

„Denn du bist groß und vollbringst Wunder, nur du bist Gott, du allein.“

Psalm 86:10 HFA

„In Jesus Namen danke ich dafür, Amen.“

„ABBA“

Acryl-Sand von RobertJohnArtist.Business @ Instagram

10. Den Plan Gottes erkennen

Lieber Papa,

wie immer möchte ich Dir meine Gefühle und das, was Du mit mir machst, zeigen, in dem Du mich für meine Aufgaben und Liebe gegenüber Menschen öffnest, die mich mit Deiner ganzen Liebe brauchen.

Du hast mir während meiner Arbeit in der Onkologie der Klinik mit meinem Kollegen zu einem Patienten geschickt, der dringend Hilfe brauchte, und schwer an Krebs erkrankt war. Der Mann war ein Kölner der mit sehr viel Humor ausgestattet war, es machte meinem Kollegen und mir sehr viel Spaß im Freude zu bereiten da er diesen auch Verstand.

Er konnte dadurch seine Krankheit vergessen die ihn mehr und mehr im Griff hatte und durch die Chemotherapie sich nicht viel änderte.

Er wurde letztendlich entlassen, was mich sehr freute, weil er zu seiner Frau, mit der er über fünfzig Jahre verheiratet war und für mich heute noch ist, zurück durfte.

Leider teilte mir mein Kollege zwei Wochen später mit, dass genau dieser Patient wieder da ist, aber nun Palliativ versorgt wird.

Sehr traurig war ich, aber wusste was zu tun ist. Meine innere Stimme der Heilige Geist sagte zu mir: „Geh hin damit du ihm die Angst nimmst." Dies tat ich dann, er konnte nicht mehr viel sprechen. Meine Freude uns zu sehen war ihm und mir anzumerken, er sah sehr mitgenommen, von seiner Krankheit gezeichnet aus.

Ich betete das Du ihn aufnehmen mögest, ihm die Schmerzen und Angst nimmst und ihn in Dein Reich kommen lässt.

In diesem Moment wusste ich warum Du mir diesen lieben und wirklich trotz allem gut gelaunten Menschen über den Weg geschickt hast.

Wieder ging ich zu Ihm und durfte seine Frau kennenlernen und verstand, dass er sie so sehr liebte. Sie erzählte mit so viel Liebe und Begeisterung von ihm das dies nicht schwer zu erkennen war und sie ein gemeinschaftliches von Liebe geprägtes Leben hatten.

Seine Frau und ich unterhielten uns, während ich mit meiner Hand auf seinem Brustkorb war mit dem Zeigefinger auf seinem Grübchen unter dem Kehlkopf, um vegetativ auf ihn einzuwirken und zu beruhigen.

Man merkte ihm an das er wie immer Spaß machen wollte, das sagte ich auch seiner Frau, er versuchte zu sprechen mit einem Lächeln im Gesicht und verlor während dessen die Angst vor dem was kommt.

Einen Tipp gab ich der Frau, sie solle ihm die Handballen massieren, die Lungenreflexzone, denn er hechelte nach Luft die Zeit war gekommen.

Nun ging ich aus dem Zimmer, wollte das sie noch Zeit miteinander hatten.

Keine Fünf Minuten später kam mein Kollege zu mir und sagte das er nun, zu Dir, gegangen sei und seine Frau wünschte mich zu sehen.

Als ich ins Zimmer kam, sah ich ihn in Frieden in seinem Sterbebett liegen mit seiner Frau die ihre Tränen, die überflossen, nicht verbergen konnte.

In meinen Arm nahm ich sie, sie sagte mir er sei, nachdem ich aus dem Zimmer ging friedlich eingeschlafen und bedankte sich bei mir.

Sie stellte mir eine Frage: „Meinen sie das er in den Himmel kommt?", ich sagte: „Ja" aus dem Geiste heraus und ich sagte weiter: „So ein Pfundstyp der kommt jedenfalls in den Himmel."

Wieder ging ich zu ihm hin, an sein Sterbebett, nahm seine Hand uns sagte: „Ich wünsche Dir viel Spaß im Himmel, mit Deinem Humor wirst Du auf deiner Reise auch dort viel Freude bereiten."

Das Gefühl, das er lächelte, verließ mich nicht.
Seine Frau öffnete die Arme und drückte mich
feste und brach in Tränen aus und war dankbar,
dass er nicht mehr leiden musste und Du ihn
aufgenommen hast in Dein Himmelreich. Das
war schon sehr bewegend das ich dabei sein
durfte und dies auch gewünscht war.
Was ich sagen möchte, ist das ich dankbar bin
und all die Menschen die Dich lieben doch keine
Angst haben müssen vor dem Tod, wenn er
gekommen ist.
Du nimmst uns mit Freude auf, das weiß ich. Ich
liebe Dich für die Erkenntnis und die Weisheit
darüber.

Ihre Arme öffneten sich wieder und ich
verabschiedete mich von beiden und ich wusste
das Du Dich um ihre Trauer kümmern würdest.
Sie bedankte sich nochmal bei mir für mein da
sein durch Dich.
Mit einem stillen Gebet für die beiden und all den
trauernden schloss ich dieses bewegende
Erlebnis ab und freute mich trotz allem für den
Menschen der in meiner Erinnerung bleiben wird
als dass wie ich ihn kennenlernen durfte, ein
dufte Typ, so hätte er es selbst auch
ausgedrückt.

„Anschließend überquerte David mit allen Begleitern den Jordan. Er küsste Barsillai zum Abschied und segnete ihn. Der alte Mann kehrte in seine Heimat zurück."

2. Samuel 19:40 HFA

„Sobald der Junge verschwunden war, kam David aus seinem Versteck hinter dem Steinhaufen hervor. Er warf sich Jonatan zu Boden und verbeugte sich dreimal. Sie küssten sich zum Abschied, und beiden kamen die Tränen. Noch während David heftig weinte."

1.   Samuel 20:41 HFA

„Als letzten Feind vernichtet er den Tod"

1.   Korinther 15:26 HFA

„Der Tod und das ganze Totenreich wurden in den See aus Feuer geworfen. Das ist der zweite, der ewige Tod."

Offenbarung 20:14 HFA

„Was also könnte uns von Christus und seiner Liebe trennen ? Leiden und Angst vielleicht ? Hunger ? Armut ? Gefahr oder gewaltsamer Tod ?"

Römer 8:35 HFA

„In Jesus Namen danke ich dafür, Amen"

„La terza dimensione"

Pouringpaint Acryl von RobertJohnArtist.business @ Instagram

11. Die Verzweiflung und der Suizidversuch

Lieber Papa,

es ist immer wieder erstaunlich wie Du in meinem Leben mit Liebe und unbegreiflichem Segen wirkst, genau dafür liebe ich Dich so sehr, dass es sich kaum ausdrücken lässt.
In einer meiner schlimmsten Stunden meines bisherigen Lebens warst Du da und hast gezeigt das Du einen Plan für mich hast.

Als ich einen schrecklichen Schritt den Versuch eines Suizides für mich gefasst hatte.
Durch meine Sucht, die falschen Freunde und meine Kindheitserlebnisse hatte ich, weil ich so sehr sensibilisiert und enttäuscht vom Leben war, versucht mir das doch so wertvolle Leben zu nehmen.

Leider habe ich als Kind nicht gelernt über Probleme zu reden und Dinge die mich bedrückten. Sehr oft hatte ich Gewaltbilder wie heftige Unfälle sichtbar vor meinen Augen und konnte dies nicht deuten.

Heute weiß ich das diese Bilder, die waren, die meine Geschwister und ich an Misshandlung in unserer Kindheit erleben mussten die von Schlägen in brutaler Art und Weise geprägt waren, mit entsetzlich viel Angst vor noch mehr Gewalt.

Der Abend vor meinem Suizidversuch war schon sehr komisch, als mir klar war, morgen ist der Tag, an dem ich gehen möchte, doch die Rechnung habe ich offensichtlich ohne Dich gemacht, denn Du hast das sicherlich anders gesehen sonst wäre ich heute nicht mehr da.

Könnte also das nicht erfüllen, was Du für mich vorgesehen hast.
Dennoch schluckte ich an diesem Tag so viel schreckliche Substanzen, die in der Größenordnung, eigentlich den Tod bringen sollten.
Der Abend war so, ich hatte alles, was an todbringenden Substanzen da war, in mich hineingestopft, um endlich Frieden zu finden, so das fast keiner merken konnte, was ich vorhatte.
Nur meine jetzige Frau die hat bemerkt, dass ich äußerst ruhig und fast zu ruhig war, so kannte sie mich nicht. Mir fehlte jegliche Lebensfreude, die ich sonst immer ausstrahlte.

Immer mit einem Lächeln im Gesicht, auch wenn mir gar nicht danach war.
Meine Vorstellung war, dass ich glücklich gehen werde in Frieden und einfach die Augen schließe, trotz das meine damalige Freundin anwesend war.

Dem war aber nicht so als die Sache begann seinen Lauf zu nehmen, mein Körper fing an zu beben, um mich herum brach in Kürze ein Riesenchaos aus, Ärzte, Polizei, Freunde, die traurig waren und Tränen in den Augen hatten.
Alle waren entsetzt was hier geschah.
Nun war ich in einer anderen Welt, weit weg von mir selbst, in einem Zustand der unbeschreiblich war.
Du Papa hast mir gezeigt, in dem ich aus mir heraus treten durfte, mich am Boden liegen sah, alle anwesenden Freunde sehen durfte, wie ich sie unsagbar leiden ließ mit Tränen in den Augen, voller Verzweiflung und Angst das ich sterbe.
Das war der Moment, an dem ich mich so schlecht gefühlt habe dies getan zu haben und wo Du mir zeigen wolltest Du bist geliebt von Mir und ich schütze dich.
Danach weiß ich nur noch im Krankenhaus das viele liebe Menschen,

Schwestern und Ärzte um mich herum waren, die ich gehört aber nicht gesehen habe und die um mich gekämpft haben.
Ich kann mich noch genau erinnern im Unterbewusstsein, das meine jetzige Frau und Mutter meiner Kinder, immer wieder sagte: „Du musst das trinken, was die Ärzte Dir gegeben haben, um
das schon wirkende Gift im Magen aufzuhalten!". Dies tat sie gefühlte Tausende mal, so wie sie halt ist.
Es halte immer wieder wie ein Echo in meinem Kopf.
Ich wollte doch nur meinen Frieden finden und endlich sterben.
Sie ging mir so lang auf den Keks bis ich doch tatsächlich gesagt habe und kurz wach wurde aus meinem Delirium: „Was soll ich trinken, gib schon her das endlich Ruhe ist."

Das war wohl meine Rettung.

Letztendlich hast Du sie so hartnäckig gemacht und dafür liebe ich Dich.

Du hast uns zusammen geführt und wusstest das, dass Mädchen, meine Frau, mir durch Dich mal das Leben retten würde.

Allen Menschen die nur den Gedanken hegen solch einen Schritt zu gehen, wie ich es tat mit einem Hilfeschrei, fordere ich auf betet zu Gott/Papa er steht Euch zur Seite mit seinem Geist. Wenn Ihr nicht wisst, wem Ihr Euch anvertrauen könnt, kann ich jedem nur ans Herz legen, ruft Papa an im Gebet, er hat eine Lösung für Euer Problem.

Bei mir war Papa dennoch da, ein Glück, das sollt Ihr wissen, aber man kann sich auch bevor es ernst wird an ihn wenden, er liebt Euch, uns alle sehr.
Also keine Angst welche Wunde auch da sein mag, Papa ist die Antwort darauf in Liebe.
Gerne gebe ich meine Erfahrung weiter lieber Papa, jeder soll wissen, dass Du das allerbeste bist, was einem passieren kann.

Dein Robert John in Liebe

„Deshalb wünsche ich für euch alle, dass Gott, der diese Hoffnung schenkt, euch in eurem Glauben mit großer Freude und vollkommenem Frieden erfüllt, damit eure Kraft des Heiligen Geistes wachse."

„Römer 15:13 HFA"

„Ich wünsche euch die vollkommene Liebe die ich Papa gegenüber empfinde und das er euch in eurem Leben so weiter bringt wie in meinem."

„Tröstet euch Gegenseitig mit dieser Hoffnung"

„1. Thessalonicher 4:18 HFA"

„Auf ihn werden die Völker ihre Hoffnung setzen."

„Matthäus 12:21 HFA"

„Liebe nimmt alles auf sich, sie verliert nie den Glauben oder die Hoffnung und hält durch bis zum Ende."

„1. Korinther 13:7 HFA"

„In Jesus Namen danke ich dafür, Amen."

„La sorgente luminosa della mia anima"

Pouringpaint Acryl von RobertJohnArtist @ Instagram

„Den nur so könnt ihr mit allen anderen Christen das volle Ausmaß seiner Liebe erfahren."

„ Epheser 3:18 HFA "

„Esce da me svegliati" Exibition Kromatik@rt

Pouringpaint Acryl von RobertJohnArtist @ Instagram

12. Gott, Traumatherapeut und Vergebung

Lieber Papa,

um nochmal auf meinen letzten Brief an Dich zurückzukommen, Du weißt das ich Dich sehr lieb habe und ich weiß das Du all die Menschen und mich schon sehr doll lieben musst, wenn Du Deinen einzigen Sohn für uns gegeben hast. Er ist für unsere Sünden gestorben damit wir alles Schlechte ablegen können, das uns im Grunde genommen die Luft zum Atmen nimmt und uns Krank macht.
Alle sollen erfahren das Du der allerbeste Traumatherapeut des Herzens und der Liebe bist, uns reinigst von all dem Erlebten, das uns angetan wurde und auch was wir anderen angetan haben.

Du erlöst alle Menschen von Traumen, in dem alle lernen, das Du geduldig mit uns Menschen, ein liebender Vater für alle und Papa für mich, ein uns immer wieder überfließend segnender Gott bist, der uns nichts Böses, sondern uns vergeben möchte und das wir das für andere und uns auch tun, um frei zu sein.

Ein Gebet:

*Vater Du alleine kennst meine Motive,
Bitte vergib den Menschen die mir Wunden/
Schaden zugefügt haben, denn ich habe ihnen
vergeben. Herr vergib mir den auch ich habe
Fehler gemacht. Danke das Du unsere Vergehen
nicht gegen uns aufrechnest.
„In Jesus Namen. Amen"*

*Von ganzem Herzen sollen alle Dich lieben und
nach Dir streben auf allen Wegen. In Liebe mit
ganzem Herzen.
„In Jesus Namen bitte ich darum, Amen."*

*Von ganzem Herzen und in Liebe Dein Sohn
Robert John*

*„Doch bei Dir finden wir Vergebung. Ja, Du
vergibst, damit wir Dir in Ehrfurcht begegnen."*

„Psalm 130:4 HFA"

*„Seinem Volk wirst Du zeigen, dass es durch die
Vergebung seiner Sünden gerettet wird."*

„Lukas 1:77 HFA"

„Und wenn er dir siebenmal am Tag unrecht tut und dich immer wieder um Vergebung bittet. Vergib ihm!"

„Lukas 17:4 HFA"

„Doch Du, Herr, unser Gott, bist voller Erbarmen, bei Dir finden wir Vergebung, obwohl wir von Dir nichts mehr wissen wollen."

„Daniel 9:9 HFA"

„Das ist mein Blut, mit dem der neue Bund zwischen Gott und und den Menschen besiegelt wird. Es wird zur Vergebung ihrer Sünden vergossen."

„Matthäus 26:28 HFA"

„In Jesus Namen danke ich dafür. Amen"

„Il perdono di giove"

Pouringpaint von RobertJohnArtist.business @ Instagram

61

13. Alle Sorgen auf Gott werfen und bitten

Lieber Abba,

aus Liebe zu Dir möchte ich heute alle Menschen aufrufen, dass wenn sie was auf dem Herzen haben und etwas brauchen in der Not Dich doch in Jesus Namen darum bitten, das sie nicht nur in der Kirche, sondern auch in ein Zimmer zurückziehen können, um ein Bittgebet zu sprechen oder auch ein Gebet der Fürbitte für einen geliebten Menschen oder eine Institution. Ich weiß, Du siehst alles.
Ob es Liebe ist die Euch fehlt, Ihr in finanziellen Nöten steckt, Krank seid, ein geliebter Mensch der Heilung bedarf, alte Wunden die nicht heilen in Eurer Seele, Ihr die Aufgaben nicht kennt die unser Papa/Gott Euch oder uns Aufträgt, Ihr vom Trauma befreit werden müsst, ob Ihr einen geliebten Menschen verloren habt, es gibt noch so viele Dinge, um die Ihr bitten könnt und das kann ich endlos so weiter ausführen, findet heraus was Euch fehlt und bittet in Jesus Namen darum und dankt Gott unserem Papa dafür als wäre alles schon geschehen, Ihr werdet sehen welche Türen sich öffnen und welche Wunder tatsächlich geschehen.

Ich kann nur eins dazu sagen, mein Vertrauen und meine Liebe in Dich Papa so groß ist, weil ich von deinem Segen der überfließend Schäumt täglich berührt werde und das wünsche ich mir für all die Menschen, die mit uns auf diese Reise gehen.

Alle sollen berauscht werden von Dir und Dich mit Inbrunst lieben lernen und sehen wie Du auch im Leben aller wirken wirst und wirken kannst.

Mit all Deinem Segen, den Du für uns Menschen bereithältst, die Dir das Herz öffnen und Vertrauen schenken.

Du bist ein guter Gott und Papa also was hält Euch noch auf ihm zu folgen und auf die schönste Reise Eures Lebens zu gehen mit allem was dazu gehört.

Kein Mensch kann Euch das geben, was Papa gibt, er ist immer da und sieht alles. Also nichts wie los, nehmt eure Füße in die Hand und betet, liebt und bittet.

Alles Glück auf Erden sind Euch sicher mit Ihm an der Seite.

„In Jesus Namen bitte ich darum und danke auch dafür. Amen"

In Liebe Dein Robert John

Ein Gebet :

Vater Du weißt was ich benötige, bevor ich es weiß. Gib mir bitte heute, was ich benötige, damit ich mich auf Dich voll konzentriere und nicht auf meine Umstände und Probleme. Was meine Bedürfnisse für morgen angeht, so vertraue ich Dir fest, dass Du mich versorgen wirst.

In Jesu Namen, Amen.

„Der Herr ist mein Hirte"

Der Herr ist mein Hirte,
Nichts wird mir fehlen.

Er weidet mich auf saftigen Wiesen
Und führt mich zu frischen Quellen.
Er gibt mir neue Kraft.

Er leitet mich auf sicheren Wegen und macht seinem Namen damit alle Ehre.

Auch wenn es durch dunkle Täler geht, fürchte ich kein Unglück, denn Du, Herr, bist bei mir. Und gibst mir Schutz und Trost.

Du lädst mich ein und deckst mir den Tisch vor den Augen meiner Feinde.

Du begrüßt mich wie ein Hausherr seinen Gast und füllst meinen Becher bis zum Rand.

Deine Güte und Liebe begleiten mich Tag für Tag,
in Deinem Haus darf ich bleiben mein Leben lang.

„Psalm 23 HFA"

„L'amore appassionato di una donna"

Pouringpaint Acryl von
RobertJohnArtist.business @ Instagram

Foto von RobertJohnArtist: Der Ort der Anbetung

14. Der Weg meiner Mutter mit Dir und ihre Leiden

Lieber Papa,

danke das Du meine Mutter von Sizilien, vor über fünfzig Jahren, nach Deutschland geschickt hast um dort die Basis des Lebens meiner Geschwister und mir zu legen.
Sie hatte es weiß Gott nicht leicht aber hättest Du nicht gewusst das sie so eine starke Frau ist dann hättest Du ihr auch nicht diese Aufgabe übertragen.
Mamas Leben war geprägt von vielen Dingen wie den Verlust ihrer Hand, die sie in einem Metallbetrieb verlor, als wir Kinder noch sehr klein waren. Sehr lange war sie in Tübingen mit vielen Versuchen ihre Hand zu retten, am Ende musste diese doch amputiert werden.
Wir bekamen viel Hilfe in, dieser Zeit von Nachbarn, die auf uns aufpassten, während mein Vater gearbeitet hat.
Dies war natürlich ein schweres psychisches Trauma für sie und auch für uns Kinder dennoch muss ich sagen, dass ich dadurch in meinem Beruf als Physiotherapeut gelandet bin.

*Mein Umgang mit hilfsbedürftigen Menschen
wurde dadurch geweckt und der Respekt vor
Menschen die soviel leid erlebten, dass es
unbeschreiblich ist.*

*Sie liebt Dich trotz allem geschehenen und weiß
und wusste immer um ihre Aufgabe, die Du ihr
gabst und die sie erfüllte.*

*Du bist nicht für die weltlichen Verfehlungen
zuständig doch Du schaust das wir alles gut
meistern, wenn wir nur an Dich und Deine Kraft
glauben.*

*An Maschinen wollte ich nie arbeiten, weil ich
Angst hatte das mir so etwas auch passiert.*

*Meine Mutter die Du mir zugeteilt hast verdient
meinen allerhöchsten Respekt vor all dem
geleisteten und ich ziehe immer wieder den Hut
vor ihr aus Respekt vor genau diesem Erlebten.*

*Mein Vater betrog sie bis hin zur Scheidung, da
war ich elf.*

*Mein Vater war nach der Scheidung zu uns
gekommen und schlug die Türe ein und
vergewaltigte meine Mutter und ließ sie
Quittungen unterschreiben für den Unterhalt der
uns Zustand für all die Jahre bis zur Volljährigkeit.
Auch dies hat ein Trauma bei meinen
Geschwistern und mir hinterlassen.*

Meine Mama hat es trotzdem geschafft uns alleine groß zu ziehen und auch hier Hut ab, mit einer Hand, vier Kindern im Gepäck.

Trotzdem ist sie Dir treu geblieben in ihrem glauben zu Dir und liebt Dich, weil sie genau weiß was aus ihren Kindern geworden ist und Du dies ermöglicht hast.
Eine leichte Kindheit hatte sie auch nicht, das habe ich mir genau angeschaut, ihr Vater starb als sie einen Tag vor ihrem sechzehnten Geburtstag war, und ihre Mama war schwierig.
Auch ich verkörperte dies betrügen in jungen Jahren, weil ich es nicht anders gesehen und gelernt habe.
Mein Vater nahm mich mit als Alibi als er mit einer Bedienung flirtete auf einer Hochzeit.
Wie sollte ein damals kleiner Mensch wie ich es anders gelernt haben und sogleich verstehen das so etwas nicht in Ordnung ist.
Heute weiß ich mit sich und Dir im reinen zu sein ist das beste, was einem passieren kann.
Wenn man betrügt, betrügt man sich im Grunde genommen selbst.
Danke das Du meine Mutter so Stark gemacht hast und ich durch Dich/Sie zu dem wurde, was ich heute bin.

*Warum mein irdischer Vater dies tat, weißt nur Du, ich habe ihm vergeben, dennoch weiß ich was das Leben auf der Erde mit einem machen kann. Du und die Zeit heilt alle Wunden.
Auch mein Vater hatte seinen Kampf im Leben, deshalb vergebe ich ihm und ziehe den Hut vor meiner Mutter, die Du mir gabst.*

In ewiger verherrlichender Liebe und danke für die Erkenntnis lieber Papa

Dein Robert John

Und dann heißt es: „Ich vergebe ihnen ihre Schuld und denke nicht mehr an ihre Sünden."

„Hebräer 10:17 HFA"

„Was bleibt sind, sind Glaube, Hoffnung und Liebe. Von diesen dreien aber ist die Liebe das Größte."

„1. Korinther 13:13 HFA"

„In Jesus Namen, Amen."

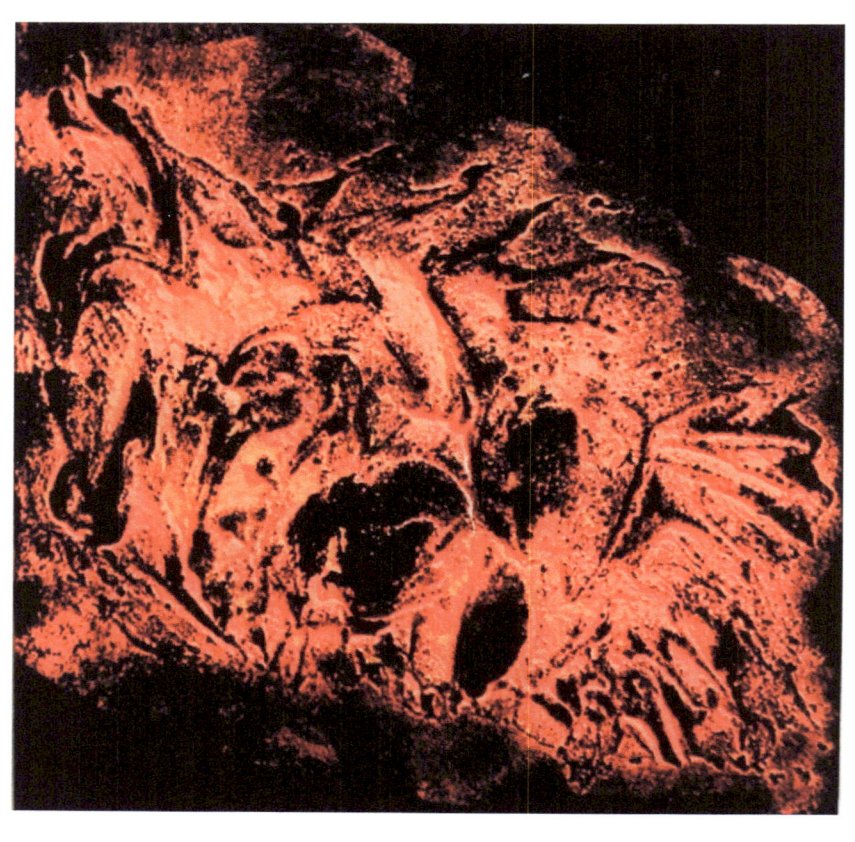

„Johannes 1,33"

Painting in Acryl/Sand von
RobertJohnArtist.business @ Instagram

15. Die innere Stimme, der Heilige Geist

Lieber Papa,

Du weißt bestimmt noch von meinem Erlebnis als Kind. Mein Vater hat uns nach der Scheidung zum Eis essen abholen wollen, er wollte das alle mitgehen, doch ich habe mich strickt geweigert mitzugehen.
Eine für mich damals innere Stimme sagte:
„Robert geh nicht mit!"
Heute weiß ich das Du durch den Heiligen Geist zu mir gesprochen hast.
Da ich so wie Du mich gemacht hast, einen ganz schönen Dickschädel habe, habe ich es natürlich geschafft nicht mitzumüssen.
Das war ein großes Glück für alle Beteiligten, den ich saß zu Hause und wartete Stunden auf meine drei Geschwister und meine Mama und unseren Hund.
Große Sorgen machte ich mir was bloß los ist und wo sie denn bleiben.
Als meine Schwester dann mit dem Hund am späten Nachmittag zurückkam und mir erzählte, dass sie einen schweren Unfall hatten mit dem kleinen Käfer meines Vaters.

Meine Mutter, Vater und zwei Geschwister lagen im Krankenhaus aber Gott sei Dank mit nicht so schweren Verletzungen.

Danach war mir bewusst, dass wenn ich auch noch hinten drin gesessen wäre, also vier Kinder und Hund in einem kleinen Käfer, dies wohl hätte schlimmer ausgehen können.

Lieber Papa Du weißt, das ich heute weiß, dass dies Dir zuzuordnen ist und Du meine Familie und mich vor schlimmeren bewahren wolltest.

Einfach danke lieber Papa das ich heute die Erkenntnis gefunden habe das Du uns, mich, mit Liebe beschützt hast.

Meine Mutter dachte, dass mein Vater dies mit Absicht gemacht hätte.

Da ich an das Gute im Menschen glaube habe ich gedacht wie verzweifelt ein Mensch doch sein müsse, um dies mit einer Absicht zu tun. So dachte ich nicht, da ich ein Kind war und mir so was niemals vorstellen konnte. Sicherlich war mein Vater nicht mit seinem Kopf anwesend aber dennoch glaube ich nicht an Absicht. Egal was mein Vater sonst noch so alles mit uns angestellt hat, das konnte und wollte ich nicht glauben, Absicht nein.

Egal und wie auch immer, was ich allen anderen damit sagen möchte, Gott unser Papa ist immer für uns, seine Kinder da, hat immer ein Auge auf uns und tut für uns immer das richtige um uns zu schützen und uns auf den Weg der Erkenntnis und ans Ziel zu führen. Er hat einen Plan für uns und er gibt nie auf uns dort hin zu führen.

In Liebe und Erkenntnis das Du der beste Papa der Welt bist

Dein Robert John

„Und nun vertraue ich euch Gottes Schutz an und der Botschaft von seiner Gnade. Sie allein hat die Macht, euch im Glauben wachsen zu lassen und euch das Erbe zu geben, das Gott denen zugesagt hat, die zu ihm gehören.“

„Apostelgeschichte 20:32 HFA“

„Wer andere gerecht behandelt und Gott die Treue hält, steht unter seinem Schutz.“

„Sprüche 2:8 HFA“

„Ihr Isrealiten, vertraut dem Herrn! Er allein gibt euch Hilfe und Schutz."

„Psalm 115:9 HFA"

„Herr, mein Gott, voller Vertrauen blicke ich zu dir, bei dir suche ich Schutz. Rette mein Leben..."

„Psalm 141:8 HFA"

„In Jesus Namen, Amen."

Foto : Der Lobpreis von Lucie Geng

Foto: Die Bank der Begegnung am Atlantik von
RobertJohnArtist.business @ Instagram

16. Mein erster Gedanke bist Du, danke das es Dich gibt

Lieber Papa,

manchmal werde ich nachts wach und denke sogleich an Dich und was ich Dir in meinem nächsten Brief so alles sagen möchte.
Danke möchte ich immer wieder sagen für mein gesegnetes Leben, das Du mir die Treue gehalten hast, dass Du mir meine Familie geschenkt hast, mich täglich weiterbringst, für meinen Glauben an Dich, die Vergebung, meine Gaben, das Du die Menschen besser machst, mich besser machst, die Weisheit die Du schenkst, den Nachwuchs der Familie, meine Geschwister, meine Mutter, die Gesundheit meiner ganzen Familie, meinen Job, die täglichen Begegnungen, Menschen, die für mich da sind, Menschen, für die ich da bin, Menschen die einen weiterbringen, die Aufgabe die Du bereithältst anderen zu dienen, die unsagbare Liebe, die Du schenkst, die unglaubliche Liebe, die ich empfinde, Deine Schöpfung der Welt die so viel Schönheiten bereithält, den Geist von Dir in mir, mein Wesen, das Du gemacht hast und das doch so gerne lacht,

die Gabe den Menschen Freude zu bereiten, dass ich da sein kann in dieser Welt, Deinen überfließenden Segen, meinen Durchbruch im Glauben und den Gaben, Dein Vertrauen, das Erhören meiner Gebete und Deine schnelle Antwort darauf, meine Hände und die Gabe zu Heilen, die Gebete die Du mich lehrst, die Gabe meiner Kinder, das es durch Dich in meinem Leben keine Probleme gibt, die nicht zu lösen wären, Deinen Schutz, meinen Vater und was ich dadurch lernen durfte, das ich Waffen, Gewalt und Kriege verabscheue.

Ich könnte dies ohne Ende weiterführen, doch am Ende komme ich immer wieder zum selben Schluss das die Liebe und die Dankbarkeit für alles von Dir als Geschenk zu betrachten ist, im Wissen das Du für dies alles zuständig bist. Du bist der beste Papa der Welt.

In großem Dank und herzlicher Liebe zu Dir

Dein Robert John

„Herr ich danke Dir dafür, dass Du mich so wunderbar und einzigartig gemacht hast! Großartig ist alles, was Du geschaffen hast- das erkenne ich!"

„Psalm 139:14 HFA"

„Ich danke Dir, Herr, den Du hast mich erhört! Du selbst hast mich gerettet.“

„Psalm 118:21 HFA“

„Ich danke meinem Gott immer wieder, wenn ich an euch denke,“

„Philliper 1:3 HFA“

David rief: „Ich danke dem Herrn, dem Gott Israels, dass er dich gerade in diesem Augenblick zu mir geschickt hat.“

„1. Samuel 25:32 HFA“

„Immer wieder danke ich meinem Gott dafür, dass er euch durch Jesus Christus seine unverdiente Güte erwiesen hat.“

„1. Korinther 1:4 HFA“

„Danke, Herr, Du Gott meines Herrn Abraham, danke, das Du bis heute immer so gut zu ihm gewesen bist und all das einhältst, was Du ihm versprochen hast! Nun hast Du auch noch seinen Wunsch erfüllt und mich direkt zu den Verwandten meines Herrn geführt!"

„1. Mose 24:27 HFA"

Danke das es Dich gibt lieber Papa.

„In Jesus Namen, amen"

„Der Geist Gottes lebt in uns, um Weisheit in unserem Tun zu erlangen!"

Von Robert John Geng

83

„Der Philosoph-und der Denker"

Pouringpaint Acryl von
RobertJohnArtist.business @ Instagram

17. Das Erhören meiner Gebete

Lieber Papa,

jeden Morgen, wenn ich wach werde bist Du mein erster Gedanke, der sich mit so viel Liebe manifestiert hat, dass sich mein Herz für den Tag öffnet und dieser sich so wunderbar anfühlt, einfach unbeschreiblich.

Danke für diesen ersten Gedanken.

Als dann packt es mich in der Bibel zu lesen und meine Lesepläne zu durchforsten, Bibelverse zu lesen und meine Gebete an Dich zu schicken, wie einen Brief der von Dir sofort geöffnet wird, so fühlt es sich an.

Denn Deine Antwort lässt nicht lange auf sich warten.
Nur um ein Beispiel zu nennen.
Es war kurz vor Ende des Monats, das Geld war knapp und ich betete um Hilfe Deinerseits. Du sorgst für uns das weiß ich, denn am selben Morgen drückte mir eine Patientin in der Praxis, in der ich arbeitete, fünfzig Euro in die Hand aus Dankbarkeit für meine Hilfe.

Du hast mich damit ausgestattet, mit Händen die heilen können, hast sie zu mir geschickt, weil Du wusstest was sie und ich brauchten, bevor wir es wussten.

Meine Erfahrung mit Dir, sagt mir das alles, um was ich bitte schon lange auf dem Wege ist.

Eines weiß ich genau Du zeigst es jeden Tag aufs Neue und ich freue mich natürlich sehr darüber.

Danke für das Erhören meiner Bitten. Ti amo lieber Papa.

„Macht euch keine Sorgen! Ihr dürft in jeder Lage zu Gott beten, sagt ihm was euch fehlt, und dankt ihm!"

„HFA Philiper 4:6"

„Deshalb sage ich euch: Um was ihr auch bittet-glaubt fest, dass ihr es schon bekommen habt, und Gott wird es euch geben!"

„HFA Markus 11:24"

Papa Du bist der Beste, danke das es Dich gibt und Du für uns sorgst

18. Das Treffen mit Dir und Deinem Geiste

Lieber König, Papa der Ewigkeit,

am Wochenende so wie heute ziehe ich mir was zum Laufen an und gehe dann mit Musik auf meinen Ohren zum See wie das folgende Bild zeigt und Sinne über mein Leben nach.

Mit welcher Liebe, Freude, Frieden und Freiheit Dein Geist meine Familie und mich bereichert hat.

Deine Berührung und Deine Einflussnahme kann ich deutlich spüren mit dem, was ich am Himmel sehe und durch Deinen Geist, der mich immer weiterbringen will und mir zuflüstert was gut ist und was nicht.

Ein Lied der Popgruppe ABBA, das für Papa steht, mag ein Zufall sein oder doch anders, die heute noch sehr Erfolgreich und das Lied doch zeitlos ist.
Das Lied „Lay all your love on me" spiegelt alles, was ich Dir sagen möchte und dabei auch empfinde, das dies so ist.

Mit diesem Lied auf dem Ohr und dem Foto, das ich geschossen habe, mir dabei die Freude Deines Geistes bestimmt ist, spüre ich eine Gänsehaut die ich als Zeichen Deiner Freude im Geiste werte.

Allen Menschen möchte ich davon erzählen, dass sie dies doch auch haben können denn Du bist für uns alle da.

Jeder sollte es hinausschreien „Lay all your love on me" und feststellen das dies doch bereits so ist, wenn wir Veränderung zulassen und Dich in unser Herz lassen.

Ich wünsche allen genau die gleiche Gänsehaut und solche Erlebnisse mit Dir in Liebe.

„In Jesus Namen, amen"

Gracie mille, tu Robert John

Foto: RobertJohnArtist.business @ Instagram

„Wenn ihr euch aber von Gottes Geist regieren lasst, seid ihr den Forderungen des Gesetzes nicht länger unterworfen."

„Galater 5 HFA"

„Ihr werdet die Wahrheit erkennen, und die Wahrheit wird euch befreien!"

„Johannes 8 HFA"

„Mit dem Herrn ist Gottes Geist gemeint. Und wo der Geist des Herrn ist, da ist Freiheit."

„2. Korinther 3 HFA"

Beschütze mich Gott, denn bei Dir suche ich Zuflucht !
Ich bekenne: Du bist mein Herr und mein ganzes Glück! ....

„Psalm 16 HFA"

„Das Gesicht der Erde"

Pouringpaint Acryl von
RobertJohnArtist.business @ Instagram

19. Die Ruhe, Stille und der Frieden

Lieber Abba,

danke für die Ruhe, die Stille und den Frieden
den Du mir schenkst, um weiter im Glauben zu
wachsen.
Es ist immer wieder schön, wenn ich die Mitte
meiner Seele fühle, zu der Du mich führst.

Du bist der Ausgleich meines Lebens das Ventil,
das ich benötige, damit es im Leben weiter
vorwärtsgeht.

Du durchströmst mich mit so viel Liebe, das es
automatisch zu einer inneren Ruhe kommt, die
dann zu mehr Kraft und Heilung führt, um auch
für andere Menschen ein Gewinn zu sein.

Die Freude die dadurch aufkommt, kann ich
dann in bare Münze umwandeln und sie
weitergeben.

Danke für Deine Liebe die Du mir schenkst.

„In Jesus Namen, amen"

Dein Robert John

„Wer unter dem Schutz des Höchsten wohnt, der kann bei ihm, dem Allmächtigen, Ruhe finden."

„Psalm 91:1 HFA"

„Kommt alle her zu mir, die ihr euch abmüht und unter eurer Last leidet! Ich werde euch Ruhe geben"

„Matthäus 11:28 HFA"

Der Herr antwortete: „Ich selbst werde Dir vorangehen und dich zur Ruhe kommen lassen!"

„2. Mose 33:14 HFA"

„Nur bei Gott komme ich zur Ruhe, geduldig warte ich auf seine Hilfe."

„Psalm 62:2 HFA"

„Und wo es gerecht zugeht, da herrschen auch Friede Ruhe und Sicherheit-für immer."

„Jesaja 32:17 HFA"

„Gott aber beweist uns seine große Liebe gerade dadurch, dass Christus für uns starb, als wir noch Sünder waren.“

„Römer 5:8 HFA“

„Liebe ist geduldig und freundlich. Sie ist nicht verbissen, sie prahlt nicht und schaut nicht auf andere herab.“

„1.Korinther 13:4 HFA“

„La calma-die Ruhe“

Pouringpaint Acryl von
RobertJohnArtist.business @ Instagram

20. Freude im Herzen, am Regen erfreuen

Lieber Papa,

heute ist ein regnerischer Tag, an dem ich mich erfreuen mag mit Dir an meiner Seite.
Jeder einzelne Tropfen fühlt sich wie eine Berührung Deinerseits an und ist so prickelnd, einfach gesagt, es weckt in mir die Leidenschaft, da jeder einzelne Tropfen aus Deinem Dach dem Himmel, den Wolken kommt.

Spüren kann ich mit jedem Tropfen Dein ich, das mich begleitet und mir Liebe und Hoffnung schenkt, alles ist so aufregend mit Dir mein lieber Papa.

Ich liebe Dich von ganzem Herzen.

Du kennst sicherlich das Lied von Rosenstolz „Auch im Regen" hier wird sehr schön umschrieben was auch ich im Regen fühle.

„Auch im Regen, auch im Regen siehst Du mich, auch im Regen, selbst im Regen find ich Dich"

Ein toller Text und er sagt alles aus über mein Gefühl zu Dir.

Ti amo lieber Papa, schon als Kind zog ich bei Regen mein T-Shirt aus um den Regen auf meiner Haut zu spüren der wie ein tosender Sturm wirkte in all der Liebe.

Es fühlte sich wie ein Sturm an, der die Stille in mir berührte, jeder einzelne Tropfen, von den tausenden von ihnen.
Sehnsüchtig warte ich auf jeden einzelnen Tropfen, der mich Dich spüren lässt.

Gracie, ti amo

Dein Robert John

„In Jesus Namen, Amen"

„Da jubelten sie, dass endlich Stille herrschte ! Gott brachte sie in den sicheren Hafen, an das ersehnte Ziel."

„Psalm 107:30 HFA"

„Um eines habe ich den Herrn gebeten; das ist alles, was ich will : Solange ich lebe, möchte ich im Haus des Herrn bleiben. Dort will ich erfahren, wie freundlich der Herr ist, und still nachdenken in seinem Tempel."

„Psalm 27:4 HFA"

„Jesus stand auf, gebot dem Wind Einhalt und befahl dem See: „ Sei still ! Schweig !"
Sofort legte sich der Sturm, und es wurde Still."

„Markus 4:39 HFA"

„Er lässt den Regen fallen, und die Felder werden reich getränkt."

„Hiob 5:10 HFA"

„Hat der Regen einen Vater ? Wer lässt den Tau entstehen ?"

„Hiob 38:28 HFA"

„als er bestimmte, wo der Regen niedergehen sollte, als er den Gewitterwolken einen Weg vorschrieb -„

„Hiob 28:26 HFA"

„Er lässt die Wassertropfen aufsteigen; gereinigt gehen sie als Regen in die Flüsse nieder."

„Hiob 36:27 HFA"

„La speranza- Die Stille"

Pouringpaint Acryl von
RobertJohnArtist.business @ Instagram

100

21. Wie nah Du uns doch bist und der Heilige Geist

Lieber Abba,

danke das Du mir immer wieder zeigst wie na Du den Menschen und mir bist und meine Gebete erhörst oder der Heilige Geist mich leitet, um Dir zu dienen.

Ehren möchte ich Dich jeden Tag aufs neue, um meine Dankbarkeit auszudrücken.

Vor einigen Jahren als ich meine Ausbildung beendet hatte suchte ich eine Arbeitsstelle, doch ohne die vielen Fortbildungen, die man als Physiotherapeut braucht, war dies sehr schwierig.
Trotz das ich ein Kind zu ernähren hatte nahm ich eine Stelle im Württembergischen an bei der ich nicht wirklich viel verdiente.
An einem Arbeitstag schwebte mir ein Gedanken vor, es war an einem Nachmittag in der Praxis, Mensch es wäre echt dringend noch eine freiberufliche Stelle zu bekommen, um nicht in Nöte zu geraten um meine Familie ernähren zu können.

Und jetzt kommt es, es dauerte nicht lange, da kam schon Deine Antwort auf meine Bitte.
Zwei Damen im Wartezimmer unterhielten sich, ich lauschte dem Gespräch, weil ich das Gefühl hatte, das dies wichtig wäre.
Die eine Dame erzählte der anderen das eine Praxisinhaberin mit dem Namen ... im selben Ort an Krebs erkrankt ist und kaum noch ihre Patienten und Termine einhalten könne.

Den Telefonhörer nahm ich sogleich in die Hand und rief dort an und bekam einen Termin um mich Vorzustellen.

Die Stelle bekam ich natürlich, weil es meine Aufgabe war für sie da zu sein, ich wusste aber auch das es für einen gewissen Zeitabschnitt sein würde, weil Du sie wieder gesunden liest.

Das Schöne an der ganzen Sache war doch, dass nicht nur sie dadurch gewonnen hatte, sondern Du gleichzeitig mir geholfen hast, damit auch ich finanziell wieder auf die Füße komme.

Einfach danke, dass ich erkennen durfte, wie gut Du unsere meine Bedürfnisse kennst und uns dort hinführst, wo wir sein sollten um Engel füreinander zu sein.

Danke für die vielen Begegnungen, die Du für uns vorgesehen hast und danke für die Erkenntnis, die dadurch entstanden ist.

Du bist ein fürsorglicher und lieber Vater.

In ergebener Liebe möchte ich allen Menschen Mut zusprechen sich in ihrer Umgebung gut umzuschauen, umsichtig zu sein und vor allen Dingen gut zuzuhören was um sie herum gesprochen wird.

Daraus wird immer etwas Gutes entstehen und wir können für uns da sein in unserem Tun und Handeln.

Jeder hat was davon, also Ohren und Augen auf um den Blick für das große Ganze nicht zu verlieren.

Lass uns an der Liebe zu Dir festhalten.

„In Jesus Namen, amen"

In Ehre und Liebe

Dein Robert John

„Wir müssen gemeinsam ein Urteil fällen, wir wollen gemeinsam erkennen, was gut ist"

„Hiob 34:4 HFA"

„Preist mit mir diesen großen Herrn, lasst uns gemeinsam seinen Namen bekannt machen!"

„Psalm 34:4 HFA"

„Ohne Ratgeber sind Pläne zum scheitern verurteilt, aber wo man gemeinsam überlegt, hat man Erfolg."

„Sprüche 15:22 HFA"

„Die Gläubigen lebten wie einer großen Familie. Was sie besaßen, gehörte ihnen gemeinsam."

„Apostelgeschichte 2:44 HFA"

„so ist es ja auch nicht, sondern viele einzelne Glieder bilden gemeinsam den eine Leib."

„1. Korinther 12:20 HFA"

Foto: Die Feuertaufe mit dem Geist

RobertJohnArtist.business @ Instagram

22. Die Hoffnung, das Gebet und die Heilung

Lieber Papa,

nochmal möchte ich ausdrücken wie gut es ist Dich zu kennen und Dir jegliche Liebe, Glaube sowie Vertrauen zu schenken.

Ein gutes Beispiel ist es von meinem Erlebten in einer Klinik im Württembergischen zu berichten.

Der ältere Herr, um den es sich hier handelt, den ich mehrere Tage kennenlernen durfte und behandelte und dem seine Krankenakte sich lange lesen ließ, kam in die Intensivstation da sein Herz nicht mehr so richtig mitmachen wollte.

Auch dort ging ich hin, um für ihn da zu sein und ihm Gutes zu tun.

Er sah nicht wirklich gut aus und war auch nicht Ansprechbar. Ich nahm seine Hand und betete für ihn zu Dir: „Bitte Gott lass den Mann doch wieder mehr gesunde Gesichtsfarbe, wie rote Backen bekommen,

damit man sehen kann das es ihm besser geht und bitte lass ihn wieder in einem Stuhl sitzen, dass er nicht mehr ans Bett gefesselt ist."
Während des Gebets spürte ich, das meine Hand feste von ihm gedrückt wurde.

Nun dann, in der Hoffnung im mit dem Gebet geholfen zu haben, ging ich weiter zum nächsten Patienten.

Am nächsten Tag als ich ihn wieder aufsuchte, traute ich meinen Augen nicht, es glich einem Wunder das durch Dich vollbracht wurde.

Er saß doch tatsächlich im Stuhl neben dem Bett mit roter Gesichtsfarbe, seine Backen glichen der Farbe einer Tomate. Es war eine Freude, das es ihm besser ging.

Danke das Du mit so viel Liebe zuhörst und Gebete wahr werden lässt, die in Deinem Sinne sind.

Unsere Gebete werden erhört dessen bin ich mir sicher, davon hast Du mich vielfach überzeugt, ob im jetzt und hier oder auch später, wenn es Dein Wille ist, geschieht alles, was wir beten. Dein Wille geschehe.

Papa ti amo und mach das alle Menschen verstehen wie wichtig es ist auch Fürbitten auszusprechen und für andere zu beten und wenn dies mehrere Menschen tun, dass es dann eine dolle Macht ist, die geschieht.

Wunder geschehen immer wieder das zeigst Du mir immer wieder.

„In Jesus Namen, Amen"

In treuer und ergebener Liebe

Dein Robert John

„Ja, ich bete, dass ihr diese Liebe immer tiefer versteht, die wir doch mit unserem Verstand niemals ganz fassen können. Dann werdet ihr auch immer mehr mit dem ganzen Reichtum des Lebens erfüllt sein, der bei Gott zu finden ist."

„Epheser 3:19 HFA"

„Denn nur so könnt ihr mit allen anderen Christen das ganze Ausmaß seiner Liebe erfahren."

„Epheser 3:18 HFA"

„Macht euch bereit, für die rettende Botschaft zu verkünden, dass Gott Frieden mit uns geschlossen hat."

„Epheser 6:15 HFA"

„Mein Gebet ist, dass Christus durch den Glauben in euch lebt. In seiner Liebe sollt ihr fest verwurzelt sein; auf sie sollt ihr bauen."

„Epheser 3:17 HFA"

„Die Gewissheit, dass euch Jesus Christus gerettet hat, ist euer Helm, der euch schützt. Und nehmt das Wort Gottes. Es ist das Schwert, das euch seinen Geist gibt."

„Epheser 6:17 HFA"

„Er allein vollbringt große Wunder - seine Gnade hört niemals auf!"

„Psalm 136:4 HFA"

Foto: Der Tag mit Dir beginnt

RobertJohnArtist.business @ Instagram

Foto : Du bist uns immer Nahe
RobertJohnArtist.business @ Instagram

111

23. Keine Angst und was aus den Gaben so wird!

Lieber Papa,

wieder mal hast Du mir Menschen über den Weg geschickt die mir die Angst genommen haben das die Gabe, Dein Geschenk an mich, die Kunst der Malerei nicht gut genug ist für die Menschen und die Welt.

Bedanken möchte ich mich bei Dir, meiner Familie, den Kollegen die mir geholfen haben mich öffentlich zu machen und einem schwer erkranktem Autoren der seine Bewunderung meiner Kunst zum Ausdruck gebracht hat, für den ich gleichzeitig auch da sein durfte, um ihn Dir näherzubringen.

Es ist schon ein Wunder, das der an Krebs erkrankte liebe Mensch den ich behandeln durfte, und der sich zu Beginn unserer Zusammenkunft noch selbst als Heide bezeichnete sich nach Besserung seiner Krankheit nun doch zu Dir umgekehrte und das positive, was der Glauben bringt, um Heilung zu erlangen.

Es stand nicht wirklich gut um ihn und doch hatte er eine so positive Einstellung und nahm die vielen guten Worte, die ich ihm immer wieder flüsterte, mit und gleichzeitig war es für mich wohltuend seine Worte zu hören.

Wir halten Kontakt, er schreibt weiter Bücher, weil es Dein Wille ist

Ich weiß, dass Du uns zusammen geführt hast, es war Dein Plan der Zusammenkunft, der unser Weiterkommen bestimmt hat.

Ich liebe Dich dafür das Du seine Heilung vorangetrieben hast, seine Blutwerte sind viel besser und der Krebs schwindet.

Auch danken möchte ich Dir was durch das öffentlich Machen meiner Kunst geworden ist, Galerien haben sich gemeldet um meine Bilder in Genua, Mailand und London auszustellen, auch virtuell, wie man an den folgenden Bildern sehen kann.

Danke lieber Papa, Du bist das Wunder!

Habt keine Angst und lasst euren Gaben freien Lauf, Gott unser Papa kann Wunder, man muss sie nur sehen und beim Schopfe packen, wenn sie kommen.

Habt Geduld es gibt genug Wunder für jeden von uns, Papa liebt uns und hat nur Gutes im Sinn darum bitte ich lieber Papa, für all die die sich noch nicht Trauen und noch nicht Vertrauen.

In Vollkommenheit meiner Liebe zu Dir

Dein Robert John

„Dir Herr, will ich von ganzem Herzen danken, von all deinen wunderbaren Taten will ich erzählen. Ich freue mich über dich und juble Dir zu. Ich singe zu Deiner Ehre und preise deinen Namen, du höchster Gott!"

„Psalm 9:2-3 HFA"

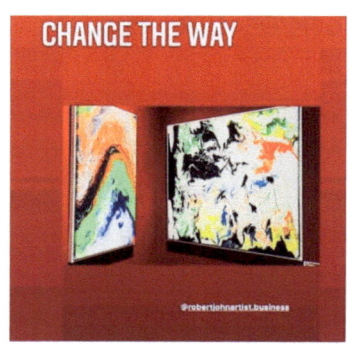

Robert John Geng   La calma

Esce da me svegliari   Giallo è il mio color

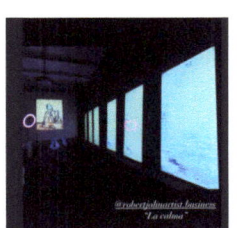

cb arteurator KROMATICoART. FIRST
EXHIBITION OF 2021.

M.A.D.S.

the digital art
gallery 7.0

Robert John Geng

Noch ein paar Worte zum Nachsinnen:

Kunst und Glaube

Die Kunst und der Glaube
passen wie die Faust aufs Auge,
die Seele malt,
der Geist dich lenkt
und Gott dir die Gabe schenkt.

Robert John Geng

„Ballo in maschera del Mondo-Der Maskenball
der Welt"

Pouringpaint Acryl von
RobertJohnArtist.business @ Instagram

„Il tempo della mascherata-Die Zeit der Maskerade"

Pouringpaint Acryl von
RobertJohnArtist.business @ Instagram

Das Vertrauen

Das Vertrauen hat Kraft
und ist eine Macht,
wenn man dabei noch
lacht,
ist Freude die Kraft
und somit die Macht
die Vertrauen schafft.

Robert John Geng

Ruhe und Frieden

Wenn Ruhe und Frieden im Leben einkehren steht das für Weisheit, Freiheit und der Lust das Erlebte sowie den Segen des Lebens weiterzugeben.

Robert John Geng

Die Kunst die Vermag

Ein Bild ist wie ein Buch, der Plan des mit gemalten Worten umschriebenen Leben des Künstlers mit dem Gesicht der Geschichte, dessen Seele genau dies beschreibt, was das Leben so treibt.

Robert John Geng

„Il sangue verde dell`amore-das grüne Blut der Liebe"

Pouringpaint Acryl von RobertJohnArtist.business @ Instagram

Fühlen und Denken

*Ich fühle, was ich denke, denke, was ich fühle,
es ist das große Herz der Liebe das uns
geschenkt unsere Gefühle und Emotionen in die
richtige Richtung lenkt.*

Robert John Geng

124

Das Feuer das brennt

Ich sehe, wie es ist und was daraus wird,
mit offenen Augen und einer Leidenschaft die in
mir brennt,
wie ein Feuer meiner Liebe,
das Feuer der Liebe,
lass es lodern,
brennen und genießen,
genau das ist es, was es braucht, um mit dem
Herzen zu begießen,
mit einem Glas in der Hand,
was Du von mir willst und wofür ich bestimmt,
um die Aufgabe des Lebens,
den Plan für mich zu genießen, weil ich verstand
das Dein Geist mich mit
Dir verband.

Robert John Geng

Du bist die Liebe

Die Liebe zu Dir ist groß,
so groß, dass es unvorstellbar ist zu begreifen,
das der Weg zu Dir doch so einfach ist,
wenn man Dir folgt mit einem Glauben,
den nichts und niemand erschüttern kann,
es ist so ein großer Segen, wenn man versteht
und sich gesteht,
das Du selbst die Liebe bist.

Robert John Geng

Foto : Du bist das Licht und die Liebe

Die Liebeserklärung

Du bist die Liebe,
Du bist gut,
Du bist Heilung,
Du bist Frieden, den man findet,
Du bist der Einzigartige,
Du bist nicht nachtragend,
Du bist unser Schöpfer,
Du bist der Autor unseres Lebens,
Du bist der Gabengeber,
Du bist der Ratgeber,
Du bist immer für uns da,
Du bist unser Lehrmeister des Lebens,
Du bist der Bringer der Weisheit,
Du bist der Heilige Geist der uns begleitet, Du
bist Gott und gleichzeitig der Sohn,
Du lehrst uns das Leben und das Verstehen,
wenn man Dich liebt und sieht,
Du bist das beste, was uns geschieht,
danke das es Dich gibt.

Robert John Geng

Der Wunsch und Ehre

Ich wünsche euch den
Glauben, den ich
empfinde,
wie im Winde,
Du siehst,
Du freust Dich an der
Liebe,
wenn Dein Geist,
in meinem Kopfe kreist,
jeden Morgen,
wenn ich zu lernen bin
bereit,
den Schritt des
Durchbruchs,
des Glaubens,
des Lebens mit Dir zu
erleben,
um Dich zu Ehren.

Robert John Geng

Freude

*Freude ist das,
was ich empfinde,
wenn ich an Dich
denke,
mit einer
vollkommenen Art,
die nur Du zu
fördern vermagst,
ich liebe Dich von
ganzem Herzen,
so wie Du es
verdienst,
so dass die
Menschen
begreifen,
wie gut Du wirklich
dienst.*

Robert John Geng

Die Muse

Ich habe heute gemalt,
geschrieben und gestrahlt,
Du hast mich inspiriert wie's nur Du vermagst,
ich liebe den Segen,
den Du schenkst,
wenn ich in Frieden,
an Dich denk.

Robert John Geng

Das kleine Wunder

Du schickst mich,
um zu geben,
wenn nötig zu
nehmen,
Du versorgst uns mit
allem zum Leben,
Du schickst mich hin,
so ergibt das Sinn,
da ist immer,
ein kleines Wunder
drin.

Robert John Geng

Foto: Wahre Anbetung

Der Krieger

Nelson Mandela,
ein Mann der seinen
Weg kannte,
27 Jahre in Haft,
ein Beispiel für
Erkenntnis dessen,
was die Aufgabe ist,
die Bedeutung des
Namens,
„Der Kämpfer der
Krieger ist".

Robert John Geng

Die Freude

Die Freude, die Du gibst,
zu verstehen wie Du es liebst,
wenn Du siehst,
wie wir lachen,
mit einem krachen,
das es zu erkennen gibt,
das die Freude,
von Dir,
direkt aus unserem Herzen fließt.

Robert John Geng

Du bist

Du bist da,
immer da,
wo wir auch sind,
wenn wir Dich brauchen,
für uns, für alle,
egal wie und warum,
in Liebe,
ganz ohne Grund,
Du bist ein Pfund.

Robert John Geng

Fotos: Du bist da

135

„Bodenschätze der Erde"

Pouringpaint in Acryl von
RobertJohnArtist.business @ Instagram

WENN DIR DIESES BUCH GEFALLEN UND GEHOLFEN HAT IM
GLAUBEN UND IM POSITIVEN DENKEN MIT GOTT ZU LERNEN
UND WEITER ZU KOMMEN
DANN SCHICKE MIR DOCH EINE EMAIL
AN   *LIEBESBRIEFEANGOTT@GMX.DE*
ODER SCHICK MIR DEINEN LIEBESBRIEF AN GOTT DEN ICH
UNTER DER BEDINGUNG DAS ICH DIESEN MIT ALLEN RECHTEN
VERWENDEN KANN....
DIES MUSST DU DANN ABER AUSDRÜCKLICH GENEHMIGEN
UND SOLLTE WAHRHEITSGEMÄß SEIN......

ICH FREUE MICH VON DEINEN KLEINEN UND GROSSEN
WUNDERN UND ERLEBNISSEN MIT UNSEREM PAPA UND GOTT
ZU HÖREN UND WELCHEN SCHLUSS DU DARAUS GEZOGEN
HAST.....
....AUSSERDEM ERREICHT IHR MICH BEI ALLEN ANLIEGEN
UNTER *LIEBESBRIEFEANGOTT@GMX.DE*

DES WEITEREN MÖCHTE ICH EINE SPENDENAKTION STARTEN
IHR KÖNNT ALLE BILDER UND DEREN GRÖSSE AUF MEINEM
INSTAGRAM ACOUNT SEHEN UND DIESE UNTER INSTAGRAM
@ROBERTJOHNARTIST.BUSINESS ERWERBEN GEBT EINFACH
EIN GEBOT AB .....ENTWEDER UNTER MEINEM INSTAGRAM
ACOUNT ODER UNTER DER EMAIL
LIEBESBRIEFEANGOTT@GMX.DE EIN ANTEIL VON 40 % GEHEN
DANN AN DAS KINDERHOSPITZ IN STUTTGART ODER BLAU IN
STUTTGART EINE SPENDENBESCHEINIGUNG BEKOMMT IHR
DANN NATÜRLICH AUCH.
ICH WÜRDE MICH SEHR FREUEN IHR LIEBEN CHRISTEN ÜBER
EURE MITHILFE DIE WELT BESSER ZU MACHEN.....

ICH VERBLEIBE MIT LIEBEVOLLEN GRÜSSEN AN EUCH ALLE

EUER ROBERT JOHN GENG

„Johannes 1,16"

Pouringpaint in Acryl von
RobertJohnArtist.business @ Instagram

Copyright © 2020/2021 Kontakt: Robert John Geng, Heinrich-Heine-Straße 5, 71642 Ludwigsburg

Herstellung und Verlag: BoD – Books on Demand, Norderstedt
ISBN: 9783754304280

140

Ich bin Robert John Geng, geboren in Deutschland mit sizilianischen Wurzeln, der Glaube und die Wahrheit, wie ich sie empfinde, spielt in meinem Leben seit meiner Kindheit eine große Rolle. Auch wenn ich diesen zwischenzeitig aus den Augen verloren habe, bin ich dennoch zu den Werten dessen  *zurückgekehrt. Ich empfinde es als meine Pflicht Zeugnis über mein Leben abzugeben um das positive das sich aus dem großen und ganzen meines Lebens mit Gott entwickelt hat. Es soll ein Geschenk sein an alle Christen und die es noch werden wollen. Hoffnung soll Euer Denken übersteig*

Mit diesem Buch sollt ihr wachsen im Glauben an unseren Papa und Gott, zu ihm finden, einfach gesagt die Leidenschaft und die Liebe zu ihm entdecken und entwickeln. Sucht euch einen Ort der Anbetung, seid freundlich und zeigt euer Herz für eure Mitmenschen. Auf den Plan Gottes und sein Gelingen.

„I liberi pensatori"

„La cena del signore in bianco e nero"

Pouringpaint und Acryl von
RobertJohnArtist.business @ Instagram

142

GOTT

IST

LIEBE

HOFFNUNG

VERGEBUNG

LICHT

SEGEN

VERTRAUEN

SANFTMUT

KRAFT

RUHE

WAHRHEIT

FREUDE

FRIEDEN

. . . .

. . . .

EINFACH

ALLES

WAS WIR

WÜNSCHEN